BEI GRIN MACHT SICH IHR WISSEN BEZAHLT

Silke Labudda

Zu: Hermann von Helmholtz "Über das Sehen des Menschen"

GRIN Verlag

Bibliografische Information der Deutschen Nationalbibliothek:

Die Deutsche Bibliothek verzeichnet diese Publikation in der Deutschen National-bibliografie; detaillierte bibliografische Daten sind im Internet über http://dnb.d-nb.de/ abrufbar.

Impressum:

Copyright © 2004 GRIN Verlag GmbH
Druck und Bindung: Books on Demand GmbH, Norderstedt Germany
ISBN: 978-3-638-80219-2

Dieses Buch bei GRIN:

http://www.grin.com/de/e-book/40556/zu-hermann-von-helmholtz-ueber-das-sehen-des-menschen

GRIN - Your knowledge has value

Der GRIN Verlag publiziert seit 1998 wissenschaftliche Arbeiten von Studenten, Hochschullehrern und anderen Akademikern als eBook und gedrucktes Buch. Die Verlagswebsite www.grin.com ist die ideale Plattform zur Veröffentlichung von Hausarbeiten, Abschlussarbeiten, wissenschaftlichen Aufsätzen, Dissertationen und Fachbüchern.

Besuchen Sie uns im Internet:

http://www.grin.com/

http://www.facebook.com/grincom

http://www.twitter.com/grin_com

Universität Hannover
Philosophisches Seminar
Sommersemester 2004

Hauptseminar „Neuere Theorien des Sehens"
Referat zum Thema :
Hermann von Helmholtz

„Über das Sehen des Menschen"

Referentin : Silke Schulz

Inhaltsverzeichnis

1.) Einleitung

Der deutsche Mediziner Hermann von Helmholtz (1821 – 1894) verfasste im Jahr 1855 eine Rede mit dem Titel „Über das Sehen des Menschen". Grund für diese Rede war eine Ehrung Immanuel Kants, an dessen Beispiel Helmholtz die seiner Ansicht nach (trotz aller Meinungsverschiedenheiten) bestehenden Gemeinsamkeiten zwischen Naturwissenschaft und Philosophie verdeutlichen will[1]. Diese Gemeinsamkeiten zeigen sich am deutlichsten im Bereich der sinnlichen Wahrnehmung[2].

Helmholtz beschäftigt sich im folgenden hauptsächlich mit den optischen und biologischen Aspekten, die das menschliche Sehen ermöglichen. Dazu gehört der Aufbau des menschlichen Auges und die Einwirkung des Lichts, welches das Wahrnehmen von Objekten ermöglicht. Die physikalische Beschaffenheit des Lichts selber ist dabei jedoch nicht von Interesse.

Helmholtz geht aber auch über diese biologischen Vorgänge hinaus und stellt unter anderem die Frage, inwiefern das, was wir sehen bzw. wahrnehmen der Wirklichkeit entspricht oder von unseren eigenen Vorstellungen und organischen Bedingungen abhängig ist. Dabei ist auch der Bereich der optischen Täuschungen von Bedeutung, da diese trotz vernünftiger Einsicht nicht korrigiert werden können.
Letztendlich stellt Helmholtz eine Erkenntnistheorie dar, in deren Mittelpunkt die Frage steht, wie es vom bloßen optischen Betrachten der Gegenstände zu tatsächlichem Wahrnehmen und Erkennen kommen kann und welche geistigen Voraussetzungen dafür vorhanden sein müssen.

Im Laufe meines Referats werde ich die oben genannten Punkte darstellen und erläutern. Meine Ausarbeitung habe ich zu diesem Zweck in folgende Abschnitte unterteilt :

2.) Der Vorgang des Sehens

3.) Optische Täuschungen und die Rolle des Bewusstseins

4.) Denken und Schluss in der Sinneswahrnehmung

2.) Der Vorgang des Sehens

Helmholtz beginnt seinen eigentlichen Vortrag nach den einleitenden Bemerkungen mit Erläuterungen, wie das menschliche Auge funktioniert bzw. wie es dem Organ möglich ist, Bilder von Gegenständen aufzunehmen

---

[1] Auf das gespannte Verhältnis zwischen Philosophie und Naturwissenschaft sowie auf die kritischen Bemerkungen insbesondere zum Hegel'schen Idealismus, welcher sich laut Helmholtz anmaßte, die Philosophie über die Naturwissenschaft erheben zu wollen, werde ich aus quantitativen Gründen nicht genauer eingehen; vgl. Helmholtz, Hermann von, „Über das Sehen des Menschen", S. 13 - 15
[2] ebd. , S. 15, Zeilen 8 - 10

und ins Gehirn weiterzuleiten, so dass schließlich das Objekt wahrgenommen und erkannt werden kann.

Das Auge ist laut Helmholtz als eine „natürliche Camera Obscura"[3] zu bezeichnen. Die Camera Obscura ist eine frühe Form der Fotographie, bei der das Bild eines Gegenstandes auf dem Kopf stehend auf der Rückseite eines - bis auf ein kleines Loch in der Vorderseite - abgedunkelten Apparates erscheint und auf einer Silberplatte fixiert wird. Der Prozess im menschlichen Auge ähnelt dem sehr; anstelle der erwähnten Platte tritt hier die extrem lichtempfindliche Netzhaut, welche sich im hinteren Bereich des Auges befindet. Die von der Netzhaut (auch Retina genannt) empfangenen Lichtreize werden ins Gehirn weitergeleitet und von diesem in seiner Funktion „als dem körperlichen Organ des Bewusstseins"[4] verarbeitet.

Das Loch, durch welches das Licht in die Camera Obscura gelangt, findet sich ebenfalls im Auge wieder, nämlich in der Pupille. Auch diese ist genaugenommen ein Loch in der Mitte des Auges, welches Lichtstrahlen in das Organ und letztendlich auf die Netzhaut gelangen lässt. Umgeben ist die Pupille von der Iris, deren Färbung durch Farbstoffablagerungen entsteht. Diese ist für die von uns selbst und anderen wahrgenommene Augenfarbe verantwortlich[5]. Hinter der Pupille liegt die Linse, ein durchsichtiger Körper, der analog zu einer in der Camera Obscura verwendeten Glaslinse funktioniert[6]. Zusammen mit der Hornhaut ist die Linse dafür verantwortlich, Abbilder eines Gegenstandes auf der Netzhaut hervorzurufen. Diese Bilder sind entsprechend verkleinert und stehen, wie auch bei der Camera Obscura, auf dem Kopf[7].

Um sicherzustellen, dass die entstehenden Bilder auf der Netzhaut das betrachtete Objekt auch scharf abbilden, ist das Auge in der Lage, sich der jeweiligen Entfernung anzupassen. Dies geschieht Helmholtz zufolge durch Muskelkontraktionen, welche die Form der Linse entsprechend verändern, so dass jeweils nahe oder weiter entfernte Gegenstände scharf und deutlich wahrgenommen werden können. Diesen Vorgang nennt man Akkommodation[8].

Die Lichtstrahlen, die durch die Pupille in das Auge gelangen, erreichen die Netzhaut aber nicht unverändert, sondern sie werden durch die Linse und durch die durchsichtige Augenflüssigkeit (wie durch jeden anderen durchsichtigen Körper oder Gegenstand), sofern sie nicht senkrecht auftreffen, abgelenkt und gebrochen[9]. Dennoch vereinen sie sich auf der Netzhaut wieder zu *einem* Punkt, der exakt einem bestimmten Punkt des betrachteten Objekts entspricht (wäre dies nicht der Fall, entstünde auf der

---

[3] ebd., S. 15, Zeilen 16/17
[4] ebd., S. 15, Zeilen 45+46
[5] ebd. , S. 16 oben
[6] In der noch einfacheren Form der Camera Obscura wird auf eine Glaslinse verzichtet.
[7] Diesbezüglich entwickelte Helmholtz den sogenannten Augenspiegel, ein Gerät in der Optik, welches dem Mediziner ermöglichte, die kopfstehenden Bilder auf der Retina eines Patienten zu sehen; ebd., S. 16 unten
[8] Wie das scharfe Fixieren von Gegenständen im Zusammenspiel mit der Tätigkeit des Gehirns tatsächlich vor sich geht, kann jedoch nicht eindeutig geklärt werden; vgl. ebd., S. 17, Zeile 8
[9] ebd., S. 17, Zeilen 16+17

Netzhaut kein genaues Abbild des Gegenstandes, sondern eine zufällige Aneinanderreihung von Punkten, die keine Ähnlichkeit mit dem eigentlichen Gegenstand erzeugen würde). Jedem Punkt des Gesichtsfeldes kommt somit genau ein Punkt auf der Netzhaut zu[10]. Aufgrund dieser extremen Differenziertheit ist es möglich, genaue Kenntnisse über Helligkeit, Farbe und Farbintensität zu erhalten und verschieden farbige und helle Gegenstände innerhalb des Gesichtsfeldes zu erkennen und von anderen abzugrenzen. Die Genauigkeit dieser Informationen variiert je nach individueller Funktionsfähigkeit des Auges.

Nach den aufgeführten Gemeinsamkeiten des (menschlichen) Auges mit der Camera Obscura wendet sich Helmholtz der Frage zu, wie es denn komme, dass das Auge den betrachteten Gegenstand tatsächlich zu *sehen* vermag, während der Apparat die Bilder nur fixieren könne[11].
Der Grund dafür liegt seiner Ansicht nach in der Lichtempfindung des Auges (genauer : der Netzhaut), welche durch die äußere Einwirkung des Lichts hervorgerufen und im Nervensystem weitergeleitet wird. Welcher Art ist diese Lichtempfindung ?

Während man in früheren Zeiten glaubte, das Auge sei ein in jeder Hinsicht besonders empfindliches Organ, das sogar auf etwas so feines wie das Licht reagieren könne, hat die Wissenschaft gezeigt, dass das Auge entgegen dieser Überzeugung auf kaum einen anderen Reiz als den durch das Licht erzeugten reagiert. Selbst die komplette Durchtrennung der Sehnerven hat nicht Schmerz, sondern nur einen wahrgenommenen Lichtblitz zur Folge[12]. Wir nehmen sogar in absoluter Dunkelheit beizeiten Farben und Formen wahr, die durch Druck auf das oder Reiben mit der Hand im Auge noch verstärkt werden, obwohl der unmittelbare Einfluss des Lichts in diesem Moment fehlt.
Früher glaubte man, dies sei auf eine „geheimnisvolle Verwandtschaft des Nervenfluidums der Netzhaut mit dem Licht"[13] zurückzuführen, welche es dem Auge ermöglichte, selbst Licht in seinem Inneren zu erzeugen. Diese Theorie hat sich selbstverständlich nicht behaupten können. Auch das durch sie begründete angebliche Leuchten von Tieraugen in der Nacht hat sich später als bloße Reflektion des äußeren Lichts und nicht etwa als eine Eigenproduktion von innerem Licht herausgestellt[14].

Vielmehr lässt sich das Auftreten von Lichtempfindung ohne unmittelbaren Lichtreiz laut Helmholtz folgendermaßen begründen :
Jeglicher Reiz, der auf das Auge ausgeübt wird, sei es „Stoß, Druck, mechanische Misshandlung, elektrische Ströme"[15], erzeugt im Auge selbst

---

[10] ebd. , S. 17, Zeilen 42 - 44
[11] An späterer Stelle wird sich zeigen, dass Helmholtz hier irreführend formuliert, da er nicht meint, dass das *Auge* den Gegenstand *sieht*, sondern, dass der Mensch mittels des Auges als Sinnesorgan sieht. Das Auge an sich verfügt nicht über tatsächliche Sehfähigkeit im Sinne von Erkennen eines Gegenstandes verfügt, wenn seine Reize und empfangenen Abbilder nicht an das Gehirn weitergeleitet und verarbeitet werden können.
[12] ebd., S. 19, Zeilen 29 - 31
[13] ebd. , S. 18, Zeilen 51+52
[14] ebd. , S. 19, Zeile 32 ff.
[15] ebd. , S. 19, Zeilen 49+50

immer nur Lichtempfindung. Das bedeutet, sobald die Sehnerven durch einen beliebigen Reiz erregt werden, reagieren sie immer und ausschließlich mit Lichtempfindung, als würden sie von einem äußeren Lichtstrahl gereizt. Werden dagegen andere Nerven (beispielsweise Hörnerven) in beliebiger Weise erregt, entsteht dementsprechend keine Lichtempfindung, sondern stattdessen Schallempfindung[16].
Demnach verfügen die Nerven der Sinnesorgane jeweils nur über ein bestimmtes Empfindungspotential, das keine anderen als die ihnen zukommenden spezifischen Empfindungen zulässt.

Diesbezüglich stellt Helmholtz anschließend die Überlegung an, wie es wohl sei, würden auch andere Sinnesorgane des Körpers auf das Licht reagieren, oder ob dies vielleicht sogar der Fall sei. Schließlich könne man als Licht wahrgenommene Sonneneinstrahlung auch auf der Haut spüren, dort allerdings nicht als Licht, sondern als Wärme. Daraus folgert Helmholtz, man könne sich fragen, „ob Wärme und Licht nicht etwa nur die verschiedenen Äußerungen eines und desselben physikalischen Prinzips seien"[17].
Ein ähnlicher Tatbestand wurde tatsächlich in der Physik festgestellt. Demnach verhält es sich so, dass einfaches und einfarbiges Licht untrennbar mit einer gewissen Wärmeausstrahlung verbunden ist. Die Intensität der abgegebenen Wärme hängt dabei von der Farbe des jeweiligen Lichtes ab.

Der Unterschied zwischen den unterschiedlich wahrgenommenen Reizen Licht und Wärme besteht folglich nur in den unterschiedlichen Empfindungen, die sie im Körper bzw. auf den jeweiligen Sinnesorganen erregen[18]. Die Tatsache, dass verschiedene Empfindungen entstehen, ist jedoch laut Helmholtz nicht darin begründet, dass Licht und Wärme selbst unterschiedlicher physikalischer Natur seien. Vielmehr handelt es sich bei der einem leuchtenden und Wärme abstrahlenden Körper eigenen Ätherschwingung[19] um nichts anderes als Reizmittel, die (ähnlich dem elektrischen Strom) auf verschiedene Nervenbereiche in unterschiedlicher Art wirken.

An dieser Stelle wird der Physiologe Johannes Müller erwähnt, der die These entwickelte, dass die Qualität (d.h. die Art) der hervorgerufenen Empfindungen nicht etwa von dem äußeren Objekt, welches wir wahrnehmen, sondern von unseren Sinnesorganen und deren spezifischen Empfindungen selbst abhänge. Helmholtz folgert daraus : „Licht wird erst Licht, wenn es ein sehendes Auge trifft, ohne das ist es nur Ätherschwingung."[20]
Dies bedeutet, dass weder Licht, noch Farben, noch Wärme oder ähnliche Wahrnehmungen tatsächlich in der uns bekannten Gestalt in den Gegenständen existieren, wenn sie nicht durch ein entsprechendes

---

[16] ebd. , S. 20, Zeile 4 ff.
[17] ebd. , S. 20, Zeilen 36 - 38
[18] ebd., S. 21, Zeilen 3 - 7
[19] ebd. , S. 21, Zeilen 14+15
[20] ebd. , S. 21, Zeilen 26 - 628

Sinnesorgan aufgenommen und verarbeitet werden. Unabhängig von einem Wesen, welches die Farbe bzw. Wärme bzw. das Licht wahrnimmt und als solches erkennt, handelt es sich um nichts weiter als ein bloßes physikalisches Phänomen, aber nicht um Licht / Wärme / Farbe im eigentlichen Sinne.

3.) Optische Täuschungen und die Rolle des Bewusstseins

Demnach ist das, was wir sehen und wahrnehmen nicht nur von den äußeren Objekten, sondern auch in beträchtlichem Maße von der Art und Funktion unserer Sinnesorgane (in Verbindung mit dem die Eindrücke verarbeitenden Gehirn) selbst abhängig.

Die Tätigkeit des Sehens ist letztendlich also nicht nur die bloße Lichtempfindung, die im Auge erregt wird, sondern wird bestimmt durch das Zusammenspiel mit dem restlichen Organismus und besonders mit dem Gehirn. Ohne dessen Einwirkung bleibt es bei Lichtreizen, welche das Auge aufnimmt, ohne diese jedoch verarbeiten und umsetzen zu können. Erst das Gehirn und das Bewusstsein des Betrachters können die mittels des Auges wahrgenommenen Eindrücke entsprechend verarbeiten und *verstehen*. Das Zusammenspiel dieser Faktoren ergibt schließlich den Vorgang, den wir gemeinhin als „Sehen" bezeichnen.

Helmholtz formuliert folgendermaßen : „Das Sehen besteht also erst im Verständnis der Lichtempfindung."[21]

Dass die Lichtempfindung im Auge in ihrem Zusammenspiel mit dem Gehirn jedoch nicht hundertprozentig zuverlässig ist, wird im folgenden gezeigt. Es gibt nämlich Phänomene, die in der Lage sind, das Auge bzw. das verarbeitende Gehirn in der Hinsicht zu täuschen, dass es Gegenstände / Lichtquellen wahrnimmt, die gar nicht vorhanden oder zumindest an einem vollkommen anderen Ort befindlich sind. In diesem Fall spricht man von Sinnestäuschungen, und speziellen Fall der irregeleiteten optischen Wahrnehmung von optischen Täuschungen[22].

Optische Täuschungen können Wahrnehmungen von äußeren Objekten, aber auch von Lichtempfindungen des Auges selbst sein. Helmholtz nennt mehrere Beispiele wie das Drücken des Auges am äußeren Rand, als dessen Konsequenz ein Lichtblitz in der Nähe des Nasenrückens erscheint.[23] Obwohl an dieser Stelle kein Reiz ausgeübt und demnach auch keine Lichtempfindung hervorgerufen wurde, wird doch eine solche wahrgenommen[24].
Eine noch vollkommenere Art der Sinnestäuschung (diesmal von äußerem Objekten ausgehend) ist die Spiegelung, die dem Betrachter einen

---

[21] ebd. , S. 22, Zeilen 13+14
[22] ebd., S. 22, Zeilen 27+28
[23] ebd. , S. 22/23
[24] Hierbei handelt es sich um dasselbe Prinzip, welches auch den Kopfstand des Bildes auf der Retina verursacht; ebd. , S. 23

Gegenstand an einer Stelle des Raumes vorgaukelt, an der er sich in Wirklichkeit nicht befindet. Die Spiegelung entsteht durch den Lichteinfall auf einen spiegelnden Körper, der erst anschließend das Auge trifft und somit den Eindruck erzeugt, es handele sich um das tatsächliche Objekt und nicht um ein gespiegeltes Abbild[25].

Das eigentlich besondere an Spiegelungen jeder Art und auch an anderen Sinnestäuschungen ist laut Helmholtz die Tatsache, dass die Täuschung für den Betrachter immer bestehen bleibt; unabhängig davon, ob dieser die Täuschung bewusst erkannt hat oder nicht[26]. Es ist dem Menschen also nicht möglich, eine Sinnestäuschung (optischer oder anderer Art) durch Einsicht und Erkenntnis der Irreführung auszuschalten bzw. diese nicht mehr wahrzunehmen. Der falsche Eindruck eines Spiegelbildes beispielsweise bleibt immer in gleicher Intensität bestehen, auch wenn man längst gelernt hat, dass sich in Wirklichkeit gar kein reales Objekt vor einem befindet, sondern man nur auf ein gespiegeltes Abbild blickt.

Der Fehler liegt Helmholtz zufolge jedoch nicht beim Reize empfangenden Sinnesorgan, sondern bei der Instanz, welche die wahrgenommenen Eindrücke verarbeitet und versteht. Das Auge als solches hat schließlich keine andere Möglichkeit, als Lichtempfindung wahrzunehmen. Es ist also folglich nicht das Auge selber, das falsche Reize wahrnimmt und uns somit eine Täuschung beschert, sondern das Gehirn bzw. das Bewusstsein, das die Wahrnehmungen falsch interpretiert[27]. Darauf gründet sich auch die oben erwähnte Tatsache, dass optische (und andere) Täuschungen nicht korrigiert werden können.

Ungeachtet dessen, ob der Betrachter auf einen wirklichen Gegenstand oder eine Spiegelung blickt, konstruiert er unbewusst eine Vorstellung von der Räumlichkeit und der Tiefe des Gegenstandes. Dies ist dadurch möglich, dass wir über zwei entsprechende Sinnesorgane – nämlich die Augen – verfügen. Jedes Auge sieht jedoch den Gegenstand ein wenig anders, was durch die Lage des Organs im Kopf bedingt ist. Erst das Zusammenspiel beider Perspektiven lässt ein dreidimensionales Bild des betrachteten Objekts entstehen[28].

Die verschiedenen Perspektiven der Augen sind es auch, die uns eine (wenn auch perspektivische) Zeichnung von den realen Gegenständen unterscheiden lässt. Betrachtet man einen Gegenstand, so wirken die beiden Perspektiven der Augen zusammen, und das Objekt erscheint innerhalb seiner räumlichen Verhältnisse. Eine Zeichnung aber ist auf einer ebenen Fläche angefertigt; betrachtet man sie, sehen beide Augen dasselbe Bild, und die Räumlichkeit kommt im Bewusstsein nicht zustande[29].

---

[25] ebd., S. 23
[26] ebd. , S. 23/24
[27] ebd. , S.22, Zeilen 28 - 32
[28] Helmholtz weist diesbezüglich darauf hin, dass einäugigen Menschen die Möglichkeit zur perspektivischen Wahrnehmung ihrer Umgebung fehlt; erst durch Bewegung des Kopfes lässt sich dieser Nachteil ausgleichen; vgl. ebd. , S. 25+26
[29] ebd. , S. 25

Eine tatsächliche räumliche Wahrnehmung einer perspektivischen Zeichnung ist nur dann gewährleistet, wenn man zwei Zeichnungen aufeinander abbildet, die jeweils das Bild darstellen, welches das rechte bzw. linke Auge wahrnimmt. In diesem Fall erscheint der abgebildete Gegenstand tatsächlich dreidimensional und kann kaum von einem realen Objekt unterschieden werden. Diese Form der optischen Täuschung bietet das von dem englischen Physiker Wheatstone erfundene Stereoskop[30].

Die räumliche Wahrnehmung lässt sich demnach ebenfalls täuschen bzw. kann falsche oder irreführende Eindrücke hervorrufen. Zwar ist Bewegung (des Kopfes) sinnvoll, um sich genauer von den räumlichen Verhältnissen der Umgebung zu überzeugen; jede nicht – willentliche Bewegung jedoch schadet dem exakten räumlichen Eindruck. So entstehen beispielsweise bei Druck auf eines des Augen scheinbare Bewegungen der äußeren Gegenstände, die in Wirklichkeit gar nicht stattfinden. Ein solcher falscher Eindruck liegt Helmholtz zufolge erneut nicht in einem Fehler des Sinnesorgans, sondern in der fehlerhaften Interpretation der wahrgenommenen Eindrücke[31]. Das Bewusstsein empfängt den Eindruck, die Objekte selber würden sich bewegen und kann diesen Fehler (wahrscheinlich trotz besseren Wissens) nicht korrigieren. Hier verhält es sich demzufolge wie bei den bereits erwähnten optischen Täuschungen.

Auch bei Zug – oder Schiffahrten kommt es durch die permanente Bewegung des fahrbaren Untersatzes zu Schwierigkeiten bei der räumlichen Wahrnehmung der Außenwelt. Hier findet laut Helmholtz sogar eine Gewöhnung an falsche Umstände statt[32]. Durch die scheinbare Bewegung der Gegenstände, an denen man vorbeifährt, ist das Auge gezwungen, sich durch entsprechende Muskelkontraktion anzupassen, um diese Objekte deutlich wahrnehmen zu können. Nach Beendigung einer längeren solchen Fahrt treten dementsprechende Probleme auf, wenn es darum geht, sich wieder auf die normalen Verhältnisse einzustellen.

Es ist also möglich, das Auge an Verhältnisse zu gewöhnen, die nicht seinen gewöhnlichen Wahrnehmungen entsprechen. Aber auch der Umgang mit den normalen Raumverhältnissen muss erst gelernt und eingeübt werden. Kinder sind beispielsweise nicht sofort in der Lage, Entfernungen in korrektem Masse einzuschätzen. Hier bedarf permanenter Übung und einer konsequenten „Erziehung unserer Sinnesorgane"[33]. Nur auf diese Weise ist es möglich, derart genau zu sehen, zu erkennen und räumliche Verhältnisse abzuschätzen, wie wir es im täglichen Leben tun[34].

---

[30] ebd. , S. 24, Zeilen 35+36
[31] ebd. , S. 26
[32] ebd. , S. 27
[33] ebd. , S. 32, Zeilen 30+31
[34] Helmholtz vergleicht die Sehfähigkeit des Menschen mit der Perfektion eines Jongleurs oder Billardspielers und bezeichnet sie als „Kunstfertigkeit", die nur aus dem Grunde nicht auffällt und bewundert wird, weil (fast) alle Menschen gleichermaßen dazu befähigt sind; vgl. ebd. , S. 32

Demnach sind wir mittels des Auges in der Lage, ein genaues Bild unserer Umwelt wahrzunehmen und zu erkennen. Den meisten Menschen ist jedoch nicht die Funktion des Sinnesorgans in seinem vollen Umfang bewusst, denn von Bedeutung sind meist nur dessen täglicher Gebrauch und die vermittelten Wahrnehmungen. Deren Hintergründe oder Voraussetzungen sind meist nicht bekannt und auch nicht von Interesse[35].

Tatsächlich vermittelt uns das Auge genau genommen auch Eindrücke, die nicht geeignet sind, ein korrektes Bild der Außenwelt zu vermitteln. Diese werden allerdings nicht bewusst wahrgenommen und von den meisten Menschen daher auch überhaupt nicht erkannt.

Oft liegen die Gründe für solche ungeeigneten Wahrnehmungen in der Natur des Auges selbst. Als Beispiel nennt Helmholtz den sogenannten blinden Fleck, welcher sich an der Eintrittsstelle der Sehnerven befindet[36]. Dieser Bereich, der sich auf beiden Augen und gleichermaßen befindet, ist tatsächlich blind, was heißen soll, dass die Augen in diesem Bereich nicht der Wahrnehmung fähig sind[37].
Dennoch ist es nicht so, dass das Gesichtsfeld permanent mit einem Bereich ausgestattet ist, in dem keine Wahrnehmung zustande kommt, der sozusagen blind ist. Die Gründe dafür sind laut Helmholtz folgende : zum einen bewegen wir beim Betrachten der Umgebung den Kopf; der blinde Fleck wandert also durch das Gesichtsfeld und lässt sich nicht in einem Punkt eines Gegenstandes fixieren. Zum anderen sehen wir nicht nur mit einem sondern mit zwei Augen. Fehlt dem einen Auge der Bereich des blindes Flecks in seiner Wahrnehmung, so wird dieser durch das andere Auge ausgeglichen, da sein blinde Fleck nicht in denselben Punkt fällt bzw. sich nicht im selben Bereich des Gesichtsfeldes befindet[38].

Ein weitere Grund dafür, warum wir natürlich bedingte Wahrnehmungsausfälle nicht erkennen, liegt in der Tatsache, dass das menschliche Bewusstsein ebenfalls eine bedeutende Rolle beim zustande kommen sinnlicher Wahrnehmungen spielt[39].
Fällt der blinde Fleck beispielsweise in einen Teil einer betrachteten Figur, so ergänzt eine psychische Komponente diesen Teil. Obwohl der Betrachter bzw. dessen Auge genaugenommen eine Lücke in der Figur sieht, nimmt er sie doch nicht als solche wahr, sondern sieht stattdessen die komplette Figur[40].

Der menschliche Geist ist also in der Lage, naturbedingte Mängel der Sinnesorgane durch Erfahrung und Erinnerung zu einem bestimmten Teil auszugleichen. Diese Vorgänge ähneln Helmholtz zufolge der Wahrnehmung von optischen Täuschungen in der Tatsache, dass sie nicht bewusst

---

[35] ebd. , S. 27 + 30
[36] ebd. , S. 27 unten
[37] Ein Versuch zur Feststellung des blindes Flecks befindet sich auf S. 28 unten
[38] ebd. , S. 27 Zeilen 49+50
[39] Dieser Zusammenhang wurde auch in den vorherigen Ausführungen bereits des öfteren erwähnt.
[40] ebd. , S. 28 unten

geschehen und auch nicht mittels des Willens geändert oder ausgeschaltet werden können[41].

4.) Denken und Schluss in der sinnlichen Wahrnehmung

Mit diesen Überlegungen leitet Helmholtz zu dem eigentlich philosophischen Teil seiner Rede über, nämlich zu der Frage, wie es von dem rein optischen Vorgang des Sehens zu einer Wahrnehmung der Außenwelt kommen könne, welche vermittelnde Instanz dazu nötig sei und welcher Art diese Instanz letztendlich sei.

Wie bereits erwähnt, spielen sich in der sinnlichen Wahrnehmung auch geistige Prozesse ab, die jedoch meist nicht bewusst sind und ohne den direkten Einfluss des Willens geschehen. Helmholtz wirft nun die Frage auf, ob man bei diesem Prozessen dennoch von einer Form des Denkens sprechen könne, und ob diese Form sich wesentlich von der gewöhnlichen Definition des Denkens unterscheide : „Dürfen wir denn nun, was hier geschieht, wirklich als Prozesse des Denkens bezeichnen, ein Denken ohne Selbstbewusstsein, und nicht unterworfen der Kontrolle der selbstbewussten Intelligenz ?"[42]

Um diesbezüglich zu einem Ergebnis kommen zu können, betrachtet Helmholtz zunächst das Problem, wie die (äußeren) sinnlichen Wahrnehmungen überhaupt in das (innere) Bewusstsein gelangen können. Er lehnt es entgegen häufiger Auffassungen ab, anzunehmen, dass die erwähnten geistigen Vorgänge zu dem Bereich der sinnlichen Wahrnehmung selber zu zählen seien[43]; vielmehr müssten sie dem Denken zuzuordnen sein, jedoch einer besonderen Form des unbewussten Denkens[44].

Frühere Theorien, die diesbezüglich ähnliche Auffassungen vertraten wie Helmholtz selber, nehmen beispielsweise an, das Bewusstsein des Menschen würde sich über das in das Auge fallende Licht aus dem Körper hinaus ausbreiten und auf diese Weise den Gegenstand direkt, d.h. unmittelbar wahrnehmen. Die Strömung des tierischen Magnetismus glaubte sogar, dass es dem Menschen auf diese Art möglich sei, Reise in den Weltraum zu unternehmen[45]. Helmholtz schließt einen eventuellen Wahrheitsgehalt solcher Theorien aus, da es einem Bewusstsein von solchem Umfang schließlich auch möglich sein müsste, optische Täuschungen zu erkennen und zu korrigieren (dass dies jedoch in der Praxis nicht funktioniert, wurde bereits ausgeführt).

Eine Ausbreitung des Bewusstseins aus dem Körper hinaus in die ummittelbare Nähe des Gegenstandes ist damit ausgeschlossen. Die Wahrnehmung kann demnach nur mittelbar geschehen, da das Bewusstsein

---

[41] ebd. , S. 29 oben
[42] ebd. , S. 29, Zeilen 43 - 46
[43] Einen ähnlicher Gedanke findet sich auch bei Berkeley; vgl. „Die Theorie des Sehens"
[44] Helmholtz, „Über das Sehen des Menschen" , S. 30
[45] ebd. , S. 30 unten

in der Innerlichkeit des Körpers verbleibt und somit einen Vermittler braucht, um überhaupt eine Kenntnis des Gegenstandes zu erlangen. Dieser Vermittler ist laut Helmholtz der <u>Schluss</u>[46].

Ein Schluss ist gemeinhin ein bewusst vollzogener Akt des Denkens. Hier weist Helmholtz aber darauf hin, dass der Schluss, der für seine Betrachtungen in Frage komme, eben nicht auf diese Weise zu charakterisieren sei. Es handele sich anscheinend vielmehr um „mechanisch eingeübte Ideenverbindungen"[47], die automatisch eine Idee mit einer anderen verknüpfen, ohne dass der Mensch darüber bewusst nachdenkt. Handelte es sich um einen bewussten Denkakt, müssten wir beim Vorgang des Sehens jedes mal im einzelnen darüber *nachdenken*, wenn wir etwas betrachten, fixieren, erkennen etc. wollten. Dass dem nicht so ist, lässt sich anhand der persönlichen Erfahrung leicht feststellen.

Eine wichtige Rolle bei diesen Überlegungen spielt laut Helmholtz auch die Tatsache, dass dem Menschen (im allgemeinen) das Sehen als solches zwar angeboren ist, der exakte Umgang mit dem Sinnesorgan jedoch erst im Laufe der Jahre erlernt und durch den notwendigen täglichen Gebrauch perfektioniert wird[48]. Kinder können zwar in jungem Alter bereits sehen, das Einschätzen von Entfernungen, etc. erlernen sie aber erst durch Übung.

Zu welchen Anteilen der Sehprozess jedoch erlernt wird und in welchem Verhältnis das Lernen zu den angeborenen Anteilen steht, lässt sich Helmholtz zufolge nicht klären. Bestimmte Verhaltensweisen neugeborener Tiere deuten jedoch darauf hin, dass ein entscheidender Teil des Sehens, Wahrnehmens und Erkennens bereits angeboren sei und später nur noch durch das Praktizieren verbessert würde[49]. Demnach wäre der spezielle Schluss als Vermittler zwischen Sinnesorgan und verständigem Gehirn tatsächlich kein Akt des Denkens im eigentlichen Sinne, sondern würde der bereits erwähnten mechanischen Verknüpfung gleichkommen. Laut Helmholtz handelt es sich hierbei um den von ihm eingeführten unbewussten Schluss, der eine Brücke zwischen dem willentlichen, bewussten Denken und der bloßen automatischen Verknüpfung von Ideen und Vorstellungen darstellt.

Im folgenden erläutert Helmholtz die Voraussetzungen, derer es bedarf, um Vorstellungen von der äußeren Welt überhaupt im Verstand hervorzurufen. Zunächst müsse dem bereits eine gewisse Vorstellung von der Existenz und der Gestalt der Dinge in der Welt vorausgehen, damit es überhaupt möglich sei, den durch das Sinnesorgan vermittelten Eindruck umzusetzen und zu Erkenntnis zu gelangen. Da bereits geklärt wurde, dass die Wahrnehmung der Welt immer nur mittelbar - nämlich durch die Sinnesorgane – zustande kommt, ist folglich eine Ursache nötig, welche die Sinnesorgane stimuliert

---

[46] ebd. , S. 31, Zeilen 9 - 11
[47] ebd. , S. 33, Zeilen 20+21
[48] Auf diese jahrelange tägliche Übung führt Helmholtz auch die Tatsache zurück, dass die Menschen ihren Augen meist mehr vertrauen als der Tätigkeit ihres Verstandes, da das Auge schließlich wesentlich schneller und präzisere Eindrücke vermittelt als der Akt des Nachdenkens; vgl. ebd. , S. 29+30
[49] ebd. , S. 33 oben

und als Wirkung die Wahrnehmungen hervorruft. Die Ursache für diese Stimulation sind die Gegenstände selber[50].

Dieser Überlegung liegt das Prinzip der Kausalität zugrunde, welches Helmholtz folgendermaßen formuliert : „ (...) es kann keine Wirkung ohne Ursache sein"[51]. Die Geltung dieses Prinzips ist offensichtlich; die Frage ist nun, wie der Mensch Kenntnis dessen erlangen konnte. Die Möglichkeit, es aus der äußeren empirischen Erfahrung abzuleiten, scheidet Helmholtz zufolge aus, da man es bereits voraussetzen müsse, um überhaupt die (kausalen) Zusammenhänge der Dinge zu erkennen und Vorgänge in der Welt auf diese Weise zu verstehen. Die gegenteilige Möglichkeit, man könne den Satz der Kausalität aus der rein inneren Erfahrung des menschlichen Geistes erlangen, scheidet ebenfalls aus, da die Kausalität sonst die Vorgänge des Geistes widerspiegeln würde, welche jedoch als frei und somit nicht als notwendige Ursache – Wirkung – Vorgänge betrachtet werden (Freiheit des Denkens und des Willens wären sonst nicht gegeben)[52].

Helmholtz leitet aus diesen Überlegungen ab, dass das Prinzip der Kausalität, da es nicht empirisch gewonnen wurde und auch nicht aus dem Verstand selber stamme, als a priori zu bezeichnen sei[53]. Es sei demnach im Geist bereits vor aller Erfahrung vorhanden gewesen.

Um von den bloßen sinnlichen Wahrnehmungen tatsächlich zu einer Kenntnis der äußeren Welt zu gelangen, ist also nicht nur eine neue (unbewusste Art) des Schlusses notwendig, sondern auch die Existenz von a priori geltenden Gesetzen, welche es dem Menschen mittels ihrer allgemeinen Geltung ermöglichen, die Vorgänge in der Welt zu begreifen. Auf diese Weise wird es möglich, die Dinge in der Welt wahrzunehmen und zu erkennen.

5.) Schlusswort

Hermann von Helmholtz beschäftigt sich in „Über das Sehen des Menschen" folglich nicht nur mit den eigentlichen Vorgängen, die sich beim Sehen im Auge abspielen, sondern es steht die Frage, wie die von Auge aufgenommen Wahrnehmungen ins Gehirn gelangen und dort zu Vorstellungen der Dinge werden, im Mittelpunkt seiner Arbeit. Somit schlägt er einen Bogen von naturwissenschaftlichen zu philosophischen Betrachtungen desselben Gebietes.

---

[50] ebd. , S. 33
[51] ebd. , S. 33, Zeile 35
[52] ebd. , S. 33
[53] Ein ähnlicher Gedanke findet sich auch bei Kant, der die Kausalität als eine der Kategorien (Denkformen) ebenfalls als a priori bezeichnet; vgl. Kant, Immanuel, „Kritik der reinen Vernunft"

Das Wahrnehmen und Erkennen von Gegenständen findet immer mittelbar, d.h. durch das vermittelnde Sinnesorgan statt. Der Schluss fungiert als Übersetzer des gewonnenen Eindrucks zwischen dem Sinnesorgan und dem Gehirn. Ohne diesen Schluss als Verbindung zwischen Auge (bzw. Ohr, Haut, etc.) und Gehirn käme Helmholtz zufolge kein Wahrnehmen und Erkennen der Welt zustande. Er ist folglich die dritte Instanz, welche in die Vorgänge der sinnlichen Wahrnehmungen involviert ist.

Der Begriff des Schlusses, den er dazu einführt, zeichnet sich dadurch aus, dass er sich von der gewöhnlichen Definition eines Schlusses dadurch unterscheidet, dass er eben gerade nicht bewusst vollzogen wird. Vielmehr findet eine Verknüpfung von Ideen und Vorstellungen auf einer nicht – bewussten Ebene statt. Diese Verknüpfung ähnelt demnach einem rein mechanischen Vorgang, unterscheidet sich von einem solchen aber eben dadurch, dass es sich dennoch um einen Schluss handelt, auch wenn dieser im Bereich des Unbewussten verbleibt. Helmholtz stellt hiermit einen möglichen Mittelweg zwischen bewusstem Denken und instinktähnlichem notwendigem Verbinden von Vorstellungen dar.

Literaturverzeichnis

- Helmholtz, Hermann von, „Über das Sehen des Menschen" in „Ausführungen zu Geometrie und Philosophie", Junghans Verlag, Cuxhaven, 1987

- Kant, Immanuel, „Kritik der reinen Vernunft", Suhrkamp Verlag, Frankfurt am Main, 1974

- www.physik.tu-muenchen.de